Henning Fleischmann

Transportsicherheit SSL TLS

GRIN - Verlag für akademische Texte

Der GRIN Verlag mit Sitz in München hat sich seit der Gründung im Jahr 1998 auf die Veröffentlichung akademischer Texte spezialisiert.

Die Verlagswebseite www.grin.com ist für Studenten, Hochschullehrer und andere Akademiker die ideale Plattform, ihre Fachtexte, Studienarbeiten, Abschlussarbeiten oder Dissertationen einem breiten Publikum zu präsentieren.

Dokument Nr. V67061 aus dem GRIN Verlagsprogramm

Henning Fleischmann

Transportsicherheit SSL TLS

GRIN Verlag

Bibliografische Information der Deutschen Nationalbibliothek: Die Deutsche Bibliothek verzeichnet diese Publikation in der Deutschen Nationalbibliografie; detaillierte bibliografische Daten sind im Internet über http://dnb.d-nb.de/ abrufbar.

1. Auflage 2005

http://www.grin.com/
Druck und Bindung: Books on Demand GmbH, Norderstedt Germany
ISBN 978-3-638-68118-6

Georg-Simon-Ohm-Fachhochschule Nürnberg

Fachbereich Informatik

SS 2005: Seminar

Ausgewählte Themen der Informationssicherheit

Ausarbeitung zum Thema

TRANSPORTSICHERHEIT SSL/TLS

Henning Fleischmann

Juni 2005

GEORG-SIMON-OHM FACHHOCHSCHULE NÜRNBERG

Inhaltsverzeichnis

Abbildungsverzeichnis

Tabellenverzeichnis

1 Einleitung

Kommunikationssicherheit hat als primäre Ziele: Vertraulichkeit und Integrität von Daten zu gewährleisten sowie die Authentifikation des Kommunikationspartners. Vertraulichkeit zu gewährleisten heißt übertragene Daten geheim zu halten. Integrität zu sichern bedeutet, dass man den Eingriff einer dritten Partei in die Kommunikation nachweisen kann. Die Authentifizierung des Kommunikationspartners erlaubt es, dass man sich sicher sein kann seine Daten an den „Richtigen“ zu übertragen.

Der Datentransport über Computernetze im Besonderen über das Internet muss als unsicher betrachtet werden. Vor einem möglichen Zugriff eines Angreifers auf das Netzwerk ist man kaum geschützt.

Die vorliegende Arbeit beschreibt zunächst kurz das Hypertext Transfer Protokoll als „das“ Protokoll des Internets, um Daten bzw. Informationen zu transportieren und die in ihm implementierte Möglichkeit der Nutzerauthentifizierung. Um eine umfassende Transportsicherheit der zu übertragenden Daten zu erreichen, müssen kryptographische Mechanismen zum Einsatz kommen. Die Arbeit stellt hier das Konzept der Secure Sockets Layer und Transport Layer Security vor, die eine Verschlüsselung der Daten auf der Transportebene bereitstellen.

2 Hypertext Transfer Protocol

Das Hypertext Transfer Protocol (HTTP) ist ein zustandsloses Datenaustausch-Protokoll zur Übertragung von Daten. Es ist eines der Protokolle, die der TCP/IP-Protokollstapel bereitstellt. Zugeordnet ist es dabei der Anwendungsschicht, wie in Bild 1 dargestellt.

HTTP im TCP/IP-Protokollstapel

Anwendung	**HTTP**		
Transport	**TCP**		
Netzwerk	**IP**		
Netzzugang	Ethernet	Token Ring	FDDI ...

Bild 1: HTTP im TCP/IP-Protokollstapel

(WIKIPEDIA 2005a)

Primär wird es im Rahmen des World Wide Web zur Übertragung von Webseiten verwendet. Durch Erweiterung seiner Anfragemethoden, Headerinformationen und Fehlercodes ist es allerdings nicht auf Hypertext beschränkt, sondern wird zum Austausch beliebiger Daten verwendet.

Das Protokoll wurde 1989 von Tim Berners-Lee am CERN zusammen mit dem URL und HTML erfunden.

HTTP ist ein Kommunikationsschema, um Webseiten (oder Bilder oder prinzipiell jede andere beliebige Datei) von einem entfernten Computer auf den eigenen zu übertragen. Zusätzliche Informationen wie Angaben über den Browser, gewünschte Sprache etc. können über einen Header in jeder HTTP Kommunikation übertragen werden.

Bei HTTP 1.0 wird vor jeder Anfrage eine neue TCP Verbindung aufgebaut und nach Übertragung der Antwort wieder geschlossen. Enthält eine HTML-Datei Verweise auf

zehn Bilder, so werden insgesamt elf TCP Verbindungen benötigt, um die Seite auf einem grafikfähigen Browser aufzubauen. In der Version 1.1 von HTTP können mehrere Anfragen pro TCP Verbindung gemacht werden. Für die HTML-Datei mit zehn Bildern wird so nur eine TCP Verbindung benötigt.

Informationen aus früheren Anforderungen gehen verloren (zustandsloses Protokoll). Über Cookies in den Headerinformationen können aber Anwendungen realisiert werden, die Status- bzw. Sitzungseigenschaften erfordern (Benutzereinträge, Warenkörbe) (WIKIPEDIA 2005a).

Als einen Aspekt der Kommunikationssicherheit ist eine Benutzerauthentifizierung via HTTP möglich und soll im Nachfolgenden dargestellt werden.

2.1 Authentifizierungsmethoden in HTTP

Um bestimmte Bereiche oder Dateien eines öffentlichen Web-Servers nur einem eingeschränkten Nutzerkreis zur Verfügung zu stellen, bedient man sich z.B. der Nutzerauthentifizierung mit Hilfe von Nutzerkennung mit zugehörigem Passwort. Für die Authentifizierung mittels HTTP werden zwei Verfahren unterschieden: HTTP Authentication Basic und Digest Access Authentication.

2.1.1 HTTP Basic Authentication

Ein Zugriff auf ein durch Basic Authentication geschütztes Dokument läuft in folgenden Schritten ab:

Client:
Stellt HTTP Anfrage bzgl. des gewünschten Dokuments an den Server. Zu diesem Zeitpunkt ist dem Client nicht bekannt, dass es sich um ein geschütztes Dokument handelt.

Server:
Antwort Statuscode 401: "Unauthorized to access the document" und übermittelt dem Client im HTTP Header "WWW-Authenticate: Basic realm='secure pages'"

Client:
Anhand des Statuscode und der WWW-Authenticate-Information erkennt der Client, dass es sich um Basic Authentication handelt und fordert über ein Dialogfenster die Benutzerkennung und das Passwort an. In einer neuen HTTP Anfrage übermittelt der Client mit der Anfrage einen Authorization String, der Benutzerkennung und Passwort des Users enthält.

Server:
Bei erfolgreicher Überprüfung der Client Daten wird das angeforderte Dokument an den Client übermittelt. Andernfalls wiederholt sich die Rückgabe des Statuscode 401 und der Authentifizierungsaufforderung.

Sowohl die Kombination von Benutzerkennung und Passwort als auch das eigentliche Dokument werden Base64 codiert übermittelt, wobei es sich nicht um eine kryptographische Codierung handelt, sondern um eine allgemein bekannte Transformation des Klartextes zur besseren Übermittlung. Sicherheitsanforderungen genügt diese Codierung nicht. Ein Angreifer kann durch einfaches Abhören der Leitung (Sniffer-Attacke) neben dem geschützten Dokument auch an die Authentifizierungsdaten des Nutzers gelangen (PIETSCH 2002).

Um die unverschlüsselte Übertragung der Authentifizierungsdaten zu unterbinden, kann man sich der HTTP Digest Authentication bedienen.

2.1.2 HTTP Digest Access Authentication

Der Ablauf zur Anforderung eines Dokumentes ist hier sehr ähnlich aufgebaut:

Client:
Stellt HTTP Anfrage bzgl. des gewünschten Dokuments an den Server. Zu diesem Zeitpunkt ist nicht bekannt, dass es sich um ein geschütztes Dokument handelt.
Server:

Antwortet mit Statuscode 401: „Unauthorized to access the document“ und übermittelt dem Client im HTTP Header mit dem WWW-Authenticate die Information, dass es sich um Digest Access Authentication (DAA) handelt. Außerdem wird eine zufällige Integerzahl übermittelt, der so genannte Nonce-Wert.

Client:

Auf gleiche Art und Weise wie bei Basic Authentication erkennt der Client, dass es sich um ein DAA geschütztes Dokument handelt. Nach Abfrage der Benutzerkennung und des Passworts werden diese Daten zusammen mit dem Nonce-Wert aus der Server Antwort unter Verwendung der MD5 Hashfunktion auf einen 128-Bit Wert abgebildet. In einer neuen HTTP Anfrage übermittelt der Client mit der Anfrage zusammen den berechneten Wert.

Server:

Bei erfolgreicher Überprüfung der Client Daten wird das angeforderte Dokument an den Client übermittelt. Andernfalls wiederholt sich die Rückgabe des Statuscode 401 und der Authentifizierungsaufforderung.

Im Gegensatz zur Basic Authentication werden User-ID und Passwort nicht im Klartext, sondern als Hashwert der MD5 Funktion übertragen. Der Nonce-Wert dient dazu, die Übermittlung der Benutzerdaten für diese Anfrage zu kennzeichnen. Damit genügt ein Abhören des 128-Bit-Wertes nicht. Übermittelt ein Angreifer zu einem späteren Zeitpunkt den abgefangenen Hashwert an den Server, so kann dieser aufgrund des falschen Nonce-Wertes erkennen, dass es sich nicht um den User handelt, der zuvor das Dokument angefordert hat.

Mit diesem Verfahren wird die Nutzerkennung verschlüsselt, die Übertragung des eigentlichen Dokumentes erfolgt im Klartext. Es ist ebenfalls nicht für die Übertragung sensibler Daten geeignet. Dazu kommt, dass übermittelte Dokumente u.U. im Cache des Browsers oder eines Proxy Servers für einen gewissen Zeitraum verbleiben und an diesen Stellen von unbefugten Personen eingesehen werden können (PIETSCH 2002).

Die Verfahren der Authentifizierung, die über HTTP zur Verfühgung gestellt werden, stellen keine Transportsicherung der zu übertragenden Daten dar. Sie sind für

Anwendungen, die eine Vertraulichkeit, Integrität und Verbindlichkeit der Daten in offenen Netzwerken bedingen (z.B. eCommerce), ungeeignet. Für solche Anwendungen müssen Verfahren angewandt werden, die die Transportsicherheit von Daten mit Hilfe von Verschlüsselungsverfahren herstellen. Nachfolgend soll das 1994 von der Firma Netscape veröffentlichte Secure Sockets Layer (SSL) Protokoll als Sicherungsprotokoll für die Transportschicht und der daraus entwickelte Standard, Transport Layer Security (TLS), vorgestellt werden.

3 Secure Sockets Layer und Transport Layer Security

Das SSL Protokoll liegt seit 1995 als Version SSL 3.0 vor. Im Januar 1999 wurde SSL von der Internet Engineering Task Force (IETF) als Standard festgelegt. Dieser neue Standard wird als Transport Layer Security (TLS) bezeichnet und ist mit geringen Änderungen behaftet. TLS 1.0 meldet sich im Header als Version SSL 3.1.

Das SSL Protokoll stellt einen sicheren Kanal zwischen zwei Rechnern, zwei kommunizierenden Programmen, bereit. SSL verfügt über Mechanismen die übertragenen Daten zu schützen und den Rechner mit dem man kommuniziert zu identifizieren. Der sichere Kanal ist transparent, d.h., dass Daten unverändert den Kanal passieren. Daten werden zwar zwischen Client und Server verschlüsselt, stimmen aber an Senke und Quelle exakt überein. Diese Transparenz erlaubt es nahezu jedem Protokoll das mit dem Transportation Control Protocol (TCP) arbeitet auch mit SSL benutzt werden kann, wobei nur minimale Modifikationen nötig sind.

Eine SSL Verbindung soll sich wie eine sichere TCP Verbindung verhalten, entsprechend einer TCP Sockets Verbindung. Um dem Rechnung zu tragen und die Programmierung zu erleichtern, ähnelt die API (application programming interface) der meisten SSL Implementierungen stark den üblichen Sockets APIs, wie z.B. der Berkley Sockets API (RESCORLA 2001).

Die Implementierung von SSL innerhalb der Client- oder Serverprogramme stellt der Anwendungsschicht spezielle Funktionen für die Eröffnung und Nutzung einer Transportverbindung zur Verfügung. Anstelle der normalen Socket Funktionen rufen Client und Server die durch die SSL API bereitgestellten, sehr ähnlichen Funktionen auf. Daten werden zunächst nicht direkt dem Betriebssystem zur Übertragung übergeben, sondern stehen zunächst SSL zur Bearbeitung zur Verfügung. SSL schützt übertragenen Daten der Seite des Senders mittels kryptographischer Verfahren und übergibt die geschützten Daten an die Transportschicht. Auf Seiten des Empfängers werden die gekapselten Daten von der Transportschicht an die lokale SSL-Schicht übergeben und von dort an die Anwendungsschicht weitergereicht (FUHRBERG 1998).

SSL ist im TCP/IP Protokoll Stapel direkt unter der Anwendungsebene und über TCP anzusiedeln, wie in Bild 2 dargestellt.

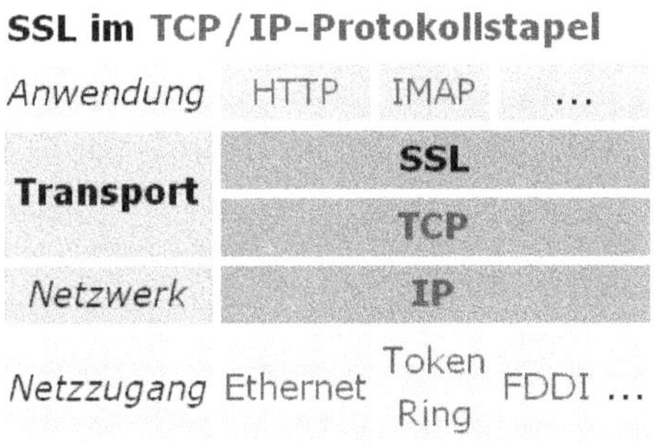

Bild 2: SSL im TCP/IP-Protokollstapel
(WIKIPEDIA 2005b)

Die Hauptanwendung für SSL liegt im Schutz von HTTP basierenden Internetdatenverkehr. Der Vorgang läuft folgendermaßen ab: In HTTP wird eine TCP Verbindung aufgebaut und der Client sendet eine Anfrage. Der Server antwortet mit einem Dokument. Wird SSL verwendet, baut der Client eine TCP Verbindung auf und darüber eine SSL Verbindung, dann wird dieselbe HTTP Anfrage über die SSL Verbindung gesendet. Der Server antwortet über den SSL Kanal in ähnlicher Weise. Da ein normaler Webserver mit dem SSL Handshake nichts anfangen kann, wird der Client über den Uniform Resource Locator (URL) informiert, ob eine SSL Verbindung zum Server überhaupt möglich ist. Anstelle von http beginnt die URL eines Servers, der SSL unterstützt, mit https. Das Benutzen von HTTP über SSL wird als HTTPS bezeichnet.

3.1 Hypertext Transfer Protocol Secure

HTTPS steht für Hypertext Transfer Protocol Secure und ist ein Netzwerkprotokoll, das eine gesicherte HTTP Verbindung zwischen Rechnern ermöglicht.

Hierbei werden die Daten über SSL/TLS verschlüsselt, damit sie abhörsicher sind. HTTPS Verbindungen laufen über TCP. Der Standardport für HTTPS Verbindungen ist 443 (WIKIPEDIA 2005c).

Eine namentlich sehr ähnliche Möglichkeit zur Übertragung sensibler Daten stellt Secure HTTP (S-HTTP) dar.

3.1.1 Secure HTTP

S-HTTP ist eine Erweiterung von HTTP und verschlüsselt nur den Inhalt der Übertragung. Das Protokoll wurde 1994 von Enterprise Integration Technologies (EIT, Menlo Park, CA) als eine Implementierung von RSA entwickelt. Während SSL auf der Transportschicht arbeitet, unterstützt S-HTTP eine Verschlüsselung auf Applikationsebene. Dabei wird jeweils der Inhalt einer HTTP Übertragung individuell verschlüsselt. S-HTTP unterstützt DES, triple DES, IDEA (International Data Encryption Algorithm) oder RC2 (FELLNER 2002). Diese Arbeit soll sich jedoch mit Mechanismen befassen, die auf der Transportschicht ansetzen. S-HTTP soll deshalb nicht näher betrachtet werden.

3.2 Weitere Protokolle über SSL

Da sehr viele Protokolle über TCP laufen und sich SSL Verbindungen sehr TCP ähnlich verhalten, ist die Sicherung eines existierenden Protokolls über SSL eine gute Designentscheidung. Zusätzlich zu HTTP über SSL und NNTP über SSL (SNEWS) gab es Anfragen, alle wichtigen Internetprotokolle wie SMTP, Telnet, und FTP mittels SSL zu schützen. Viele Hersteller nutzen SSL, um ihre proprietären Protokolle abzusichern.

Um auch Verbindungen von Clients akzeptieren zu können, die kein SSL unterstützen, müssen beide sichere und unsichere Variante des Anwendungsprotokolls am Server ermöglicht werden. Alle diese Protokolle nutzen dabei eine von zwei grundsätzlichen Strategien: getrennte Ports oder das Aushandeln der Verbindungsart. Bei der Variante mit getrennten Ports wird der sicheren Verbindung ein anderer aber bekannt zu gebender Port zugewiesen. Der Server muss nun auf beiden Ports auf Verbindungen warten. Verbindet sich ein Client mit dem sicheren Port, so wird automatisch eine SSL Verbindung etabliert. HTTPS nutzt diese Strategie des Aufbaus einer SSL Verbindung. Tabelle 1 zeigt Portnummervereinbarungen verbreiteter Protokolle über TLS bzw. SSL.

Tabelle 1: Portnummervereinbarung für Protokolle über TLS/SSL

Name	Port	Nutzung
telnets	992	Telnet Protokoll über TLS/SSL
spop3	995	POP3 Protokoll über TLS/SSL
ftps	990	FTP Protokoll, Steuerung, über TLS/SSL
ftps-data	989	FTP Protokoll, Daten, über TLS/SSL
nntps	563	NNTP Protokoll über TLS/SSL
smtps	465	SMTP Protokoll über TLS/SSL
https	443	HTTP Protokoll über TLS/SSL

Beim Aushandeln der Verbindungsart wird das Anwendungsprotokoll dahingehend geändert, dass eine Nachricht unterstützt wird, die indiziert, ob eine Kommunikationsseite die bestehende Verbindung in eine sichere SSL Verbindung umwandeln möchte. Willigt die andere Seite ein, so startet der SSL Handshake. Nach erfolgreicher Etablierung der SSL Verbindung werden alle Daten der Kommunikation über diesen sicheren Kanal versandt. SMTP über TLS z.B. verwendet diese Variante (RESCORLA 2001).

3.3 SSL Implementierungen

Eine große Zahl an SSL und TLS Implementierungen sind verfügbar. Als Beispiele wären das Open Source Projekt OpenSSL zu nennen und die GNU Transport Layer Security Library. Fast jede verfügbare SSL Implementierung unterstützt SSL 3.0 mit RSA. Manche Web-Server unterstützen nur SSL 2.0, insbesondere alte Versionen des Netscape Commerce Server. Viele SSL Implementierungen unterstützen ebenfalls SSL 2.0 für Rückwärtskompatibilität, neure Implementierungen lassen diese Unterstützung jedoch schon weg. Viele SSL Toolkits unterstützen die TLS Protokolländerungen, der Digital Signature Standard (DSS) und der Diffie-Hellman-Schlüsselaustausch (DH) werden aber nicht immer unterstützt. Die Microsoft Implementierungen unterstützen ebenfalls Private Communication Technology (PCT), das von Microsoft entwickelte SSL Pendant und TLS. Neuere Versionen des Internet Information Server (IIS) und des Internet Explorer (IE) unterstützen DSS und DH.

Für maximale Kompatibilität ist es wichtig, SSL 2.0 und SSL 3.0 zu unterstützen. Die Unterstützung für den IETF Standard TLS ist ebenfalls wünschenswert (RESCORLA 2001).

3.4 SSL Protokoll Struktur

Die Struktur des Protokolls wird in Tabelle 2 dargestellt.

Tabelle 2: SSL Protokollstruktur

Anwendungsschicht			
SSL-ApplicationData Protocol	SSL-Alert Protocol	SSL-Change-CipherSpec Protocol	SSL-Handshake Protocol
SSL-Record Protocol Transportschicht			
Internetschicht			
Linkschicht			

(FUHRBERG 1998)

Wie in Tabelle 2 dargestellt, besteht SSL aus fünf verschiedenen Protokollen, welche die folgenden Aufgaben haben:

1. SSL-ApplicationData Protocol: Weiterleiten der Daten an die Anwendungsschicht.
2. SSL-Alert Protocol: Übermittlung von Fehler- und Warnmeldungen.
3. SSL-Change-CipherSpec Protocol: Initialisierung der Variablen für das ausgehandelte kryptographische Verfahren.
4. SSL-Handshake Protocol: Aushandlung der kryptographischen Verfahren.
5. SSL-Record Protocol: Durchführung der Ver- und Entschlüsselung und ggf. einer Kompression der Daten (FUHRBERG 1998).

3.5 SSL Handshake

Die Aufnahme einer durch SSL geschützten Verbindung erfordert einen sog. Handshake der Kommunikationspartner.

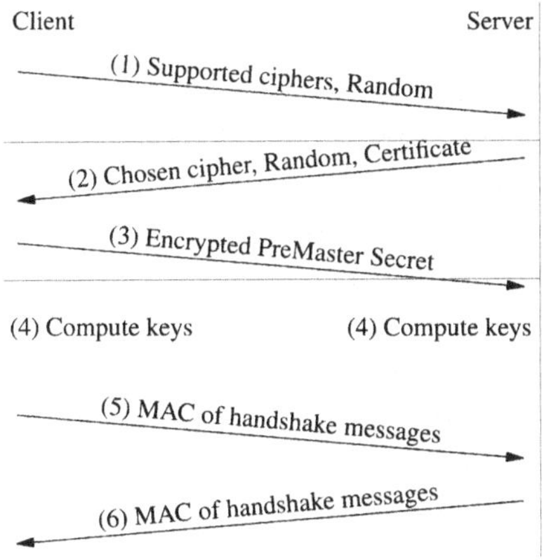

Bild 3: Übersicht des SSL Handshake

(RESCORLA 2001)

Wie Bild 3 zeigt läuft der Handshake etwa so ab:

1. Der Client sendet dem Server eine Liste von möglichen Kodierungen bzw. kryptographischen Verfahren, die er unterstützt, sowie einer Zufallszahl für die Schlüsselgenerierung.
2. Der Server wählt eine der vorgegebenen Kodierungen und sendet zusätzlich ein Zertifikat mit dem Server Public Key. Das Zertifikat enthält weiterhin die Identität des Servers für Authentifizierungszwecke. Der Server sendet seinerseits ebenfalls eine Zufallszahl für die Schlüsselgenerierung.
3. Der Client verifiziert das Server Zertifikat und entnimmt ihm den Public Key. Der Client generiert danach einen zufälligen, geheimen String, das sog. pre_master_secret und verschlüsselt es mit dem Server Public Key. Das verschlüsselte pre_master_secret wird zum Server übertragen.
4. Client und Server berechnen unabhängig voneinander Verschlüsselung und Message Authentication Code (MAC) Schlüssel aus dem pre_master_secret und der Client und Server Zufallszahl.
5. Der Client sendet einen MAC über alle Handshake Nachrichten zum Server.
6. Der Server sendet einen MAC über alle Handshake Nachrichten zum Client.

Ziel des Handshakes sind zwei Punkte: erstens sich auf die Verwendeten Kodierungsalgorithmen zu einigen und zweitens einen Satz entsprechender Schlüssel

dazu zu etablieren. Mit Schritt 1 und 2 des Ablaufs wird das erste Ziel erfüllt. Das zweite Ziel, das Etablieren der kryptographischen Schlüssel, wird durch Schritt 2 und 3 erfüllt. Der Server sendet sein Zertifikat an den Client, welches den Client in die Lage versetzt dem Server eine verschlüsselte Nachricht zu senden. Nach Schritt 3 teilen Client und Server das pre_master_secret. Der Client kennt das pre_master_secret, weil er es berechnet hat, der Server weil er es entschlüsseln konnte.

Schritt 3 ist die Schlüsselstelle in diesem Handshake Verfahren. Alle zu schützenden Daten hängen von der Sicherheit des pre_master_secret ab. Der Client nutzt dazu den Server Public Key aus dem erhaltenen Server Zertifikat, um diesen gemeinsamen Schlüssel zu verschlüsseln. Mit Hilfe des Server Private Key entschlüsselt der Server den pre_master_secret. In Schritt 4 berechnen Server und Client mit Hilfe der gleichen Key Derivation Function (KDF) das master_secret. Mit dem master_secret werden die kryptographischen Schlüssel mit der Hilfe der KDF generiert.

Schritt 5 und 6 dienen dem Schutz des Handshakes vor Eingriffen Dritter. Ein Client offeriert dem Server normalerweise eine ganze Reihe von kryptographischen Algorithmen, starke und schwache, um auch mit Servern kommunizieren zu können, die z.B. nur schwache Algorithmen unterstützen. Ein Angreifer könnte alle starken Verschlüsselungsalgorithmen aus der ersten, ungeschützten Nachricht des Clients entfernen und so den Server dazu bringen eine weniger stark geschützte Verbindung zu akzeptieren. Ein Vergleich der MACs aus Schritt 5 und 6 würde bei einem Eingriff in die Nachrichtenkette negativ ausfallen. Die von Server und Client gelieferten Zufallszahlen gehen in die Schlüsselgenerierung mit ein und schützen den Handshake vor einer Replay Attacke. Die MAC Nachrichten sind die ersten Daten die mit den vereinbarten Chiffren verschlüsselt werden.

Am Ende des Prozesses haben sich Client und Server auf die zu verwendenden kryptographischen Algorithmen und Schlüssel geeinigt und können sich dabei sicher sein, dass kein Dritter in diese Verbindung eingreifen konnte. Im Verständnis von SSL wird dies als Session bezeichnet (RESCORLA 2001).

3.5.1 Handshake Messages

Jeder Schritt des beschriebenen Handshakes wird durch eine oder mehrere Handshake Messages (Nachrichten) erreicht. Nachfolgend soll ein kurzer Überblick über die verwendeten Messages und zu welchem Schritt des Handshakes sie gehören gegeben werden. Bild 4 zeigt diese Messages.

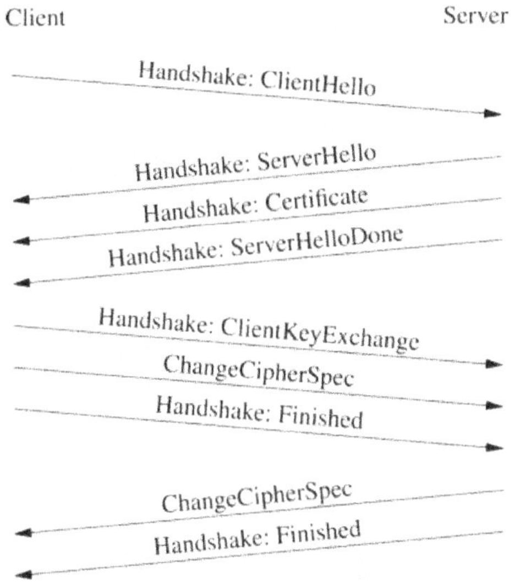

Bild 4: Sequenz von Handshake Messages

(RESCORLA 2001)

Schritt 1

korrespondiert mit einer einzigen Nachricht, dem ClientHello. Sie enthält die vom Client vorgeschlagenen Chiffren, sowie eine Zufallszahl, der für die Schlüsselgenerierung genutzt wird.

Schritt 2

ist verbunden mit einer Serie von Handshake Messages. Die erste ist das ServerHello, das die zu benutzenden, kryptographischen Algorithmen enthält. Diese Nachricht enthält weiterhin einen möglichen Kompressionsalgorithmus und ebenfalls eine Zufallszahl.

Verschlüsselte Daten können aufgrund ihrer „Zufälligkeit“ nicht komprimiert werden. Wenn man Daten komprimieren möchte, muss man dies vor der Verschlüsselung der Daten tun. SSL und TLS jedoch definieren keine Komprimierungsalgorithmen. Die OpenSSL Implementierung z.B. bietet eine Kompression der Daten an. Wenn also beide Seiten diese Implementierung unterstützen, können Daten auch komprimiert über einen SSL Kanal versandt werden.

Es folgt die Certificate Message, das Zertifikat des Servers, das den Public Key des Servers enthält, in diesem Fall einen RSA Schlüssel, und schließlich eine ServerHelloDone Nachricht. ServerHelloDone wird benötigt, da für andere Varianten des Handshakes nach dem Zertifikat weitere Messages folgen können. Es zeigt an, dass diese Phase des Handshakes abgeschlossen ist und der Client keine weiteren Nachrichten des Servers zu dieser Phase erwarten muss.

Schritt 3
gehört zur ClientKeyExchange Nachricht, die einen zufällig generierten Schlüssel, das pre_master_secret, enthält, der in diesem Fall mit Server Public RSA Key verschlüsselt wird.

Schritt 5
Der Client sendet dem Server die ChangeCipherSpec Message, die anzeigt, dass alle folgenden Nachrichten unter dem vereinbarten Chiffre verschlüsselt sind. Die Finished Message enthält einen MAC über alle Handshake Nachrichten, so dass der Server einen Eingriff in die Handshake Kette erkennen kann.

Schritt 6
Hat der Server die Finished Nachricht des Clients empfangen, sendet er seinerseits die ChangeCipherSpec und Finished Message. Die Finished Nachrichten sind die ersten Nachrichten die durch die vereinbarten Algorithmen geschützt sind.

Die SSL 3.0 Spezifikation erlaubt dem Client seine Anwendungsdaten direkt nach seiner Finished Message zu senden. Hat ein Angreifer während des Handshakes die Möglichkeit gehabt z.B. die durch den Client angebotenen Chiffren in nur sehr schwache Chiffren zu ändern, so sind die direkt gesendeten Anwendungsdaten

gefährdet. Der Client ist zu diesem Zeitpunkt nicht informiert, ob die Chiffren sicher vereinbart wurden. Die TLS Spezifikation sieht vor, dass der Client bis zum Senden der Server Finished Message warten muss, bis er Anwendungsdaten sendet. In SSL Implementierungen sollte dieser Punkt Beachtung finden (RESCORLA 2001).

Die beschriebene Form der SSL Verbindung folgt der üblichsten Form einer solchen Verbindung. Nur der Server authentifiziert sich gegenüber dem Client. Zur Verschlüsselung des pre_master_secret wird üblicherweise das RSA Verfahren verwendet (server-only RSA). In weiteren Modi ist z.B. eine Session Resumption (Wiederaufnahme) möglich.

3.5.2 Session Resumption

Bei der ersten Interaktion von Client und Server erstellen beide eine neue Verbindung und eine neue Session. Ist der Server in der Lage eine Session wieder aufzunehmen, so übergibt er dem Client zusätzlich eine Session-ID. Das master_secret wird auf dem Server hinterlegt bzw. gecached. Bei einer erneuten Verbindung zu diesem Server gibt der Client diese Session-ID, an und die bereits genutzte Session kann trotz einer neuen Verbindung wieder genutzt und aufgenommen werden.

Ein voller Handshake kann sehr aufwendig sein, insbesondere erwähnt sei dabei das Etablieren des pre_master_secret unter Verwendung von Public Key Verschlüsselung.

Mehreren Verbindungen kann eine einzige Session zu geordnet werden. Obwohl alle diese Verbindungen dasselbe master_secret teilen, hat doch jede einzelne, was aus Sicherheitsgründen sehr entscheidend ist, einen eigenen Satz symmetrischer Schlüssel. Die Generierung dieser ergibt sich aus dem Zusammenwirken des gemeinsamen master_secret und den bei jeder Verbindung neu ausgetauschten Zufallszahlen (RESCORLA 2001).

3.5.3 Client Authentication

SSL stellt ebenfalls die Möglichkeit der Client Authentifikation gegenüber dem Server bereit, um z.B. bestimmte Dienste nur autorisierten Clients zur Verfügung zu stellen. Der Server sendet dazu eine CertificateRequest Nachricht an den Client. Der Client

antwortet mit seinem Zertifikat und einer CertificateVerify Nachricht. Die CertificateVerify Nachricht ist mit dem Private Key des Clients signiert, der zu dem übertragenen Zertifikat gehört. Die Client Authentifikation wird ausschließlich durch den Server initiiert (RESCORLA 2001).

Die Vorgestellten Modi mit Ihren spezifischen Eigenschaften unterscheiden sich ausschließlich im Handshake zur Grundform, server-only RSA. Die Schlüsselermittlung aus dem master_secret und der Datenschutz auf der SSL Record Ebene sind bei allen Modi gleich.

3.6 SSL Record Protocol

Nach dem SSL Handshake ist man die Lage versetzt verschlüsselte und authentifizierte Daten auszutauschen. Der tatsächliche Austausch von Daten wird durch das SSL Record Layer Protokoll ermöglicht.

Das SSL Record Layer Protokoll teilt den Datenstrom der übermittelt werden soll in eine Serie von Fragmenten von denen jedes einzelne unabhängig geschützt und übertragen wird. Auf der Empfängerseite wird jedes dieser Fragmente unabhängig entschlüsselt und verifiziert.

Bevor ein Fragment übermittelt werden kann, wird zunächst die Datenintegrität mit Hilfe eines für das Fragment berechneten Message Authentication Codes (MAC) gesichert. Der MAC wird an das Fragment angehangen, um auf der Gegenseite verifiziert werden zu können. Fragment und MAC werden verschlüsselt und mit einem Record Header versehen, wie in Bild 5 dargestellt.

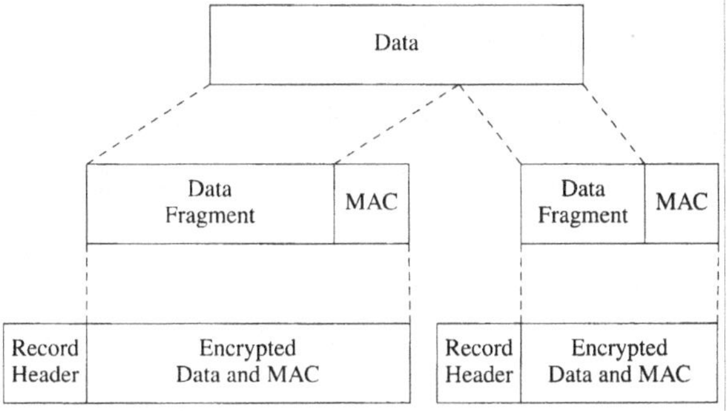

Bild 5: SSL Datenfragmentierung und Verschlüsselung

(RESCORLA 2001)

Die Kombination von Record Header und dem verschlüsselten Inhalt wird als Record bezeichnet.

Der Record Header enthält die Informationen: Art der Daten (content type), Länge, SSL Version. Die Längeninformation gibt dem Empfänger an, wie viele Bytes noch gelesen werden müssen bis die Nachricht vollständig empfangen und prozessiert werden kann. Die Version wird zur nochmaligen Überprüfung der Gleichheit der Version auf beiden Seiten der Kommunikation übertragen. Die Übermittlung des Content Type erlaubt es, Kontrollsignale wie Fehlermeldungen oder das Schließen der Verbindung über denselben sicheren Kanal zu senden und von anderen Records zu unterscheiden.

SSL unterscheidet vier Typen: application_data, alert, handshake, change_cipher_spec. Sämtliche durch Software gesendete und empfangene Daten werden als application_data gekennzeichnet. Die anderen drei Typen sind Kontrolldatenverkehr vorbehalten wie dem Handshake oder Fehlermeldungen. Der Alert Content Type wird hauptsächlich für verschiedene Fehlermeldungen benutzt sowie das Schließen des Kanals. Der Handshake Content Type wird für das Versenden der Handshake Nachrichten genutzt, auch schon beim Aufbau einer Verbindung zu einem SSL Server. Der Content Type change_cipher_spec hat die Aufgabe anzuzeigen, wenn sich Verschlüsselung und Authentifikation der Records ändern. So werden neue Schlüssel, die durch das erneute Durchführen eines Handshakes in einer bereits bestehenden SSL Session entstanden sind, eingeführt bzw. umgeschaltet (RESCORLA 2001).

4 SSL/TLS Sicherheitsmechanismen

SSL bzw. TLS stellt einen sicheren Kanal zwischen zwei Rechnern, zwei kommunizierenden Programmen bereit. Sie verfügen über Mechanismen die übertragenen Daten zu schützen und den Rechner mit dem man kommuniziert zu identifizieren. Diese Sicherheit wird durch den Einsatz vier grundlegender Sicherheitsmechanismen erreicht: Verschlüsselung, Digest bzw. Hash, Public Key Verschlüsselung und Digitale Signatur.

Die Sicherheit die durch SSL oder TLS zur Verfügung gestellt wird, wird durch die jeweils verwendete Cipher Suite bestimmt. Jeder dieser Suiten spezifiziert vier Arten von Algorithmen: den Algorithmus der für die digitale Signatur verwendet wird, den Schlüsselaustauschalgorithmus, den Verschlüsselungsalgorithmus und den Digest Algorithmus bzw. die Hashfunktion. Tabelle 3 zeigt eine Auswahl möglicher Suiten für TLS.

Tabelle 3: Auswahl möglicher Cipher Suites

Cipher Suite	Authentifizierung	Schlüsselaustausch	Chiffrieralgorithmus	Digest
TLS_RSA_With_RC4_128_MD5	RSA	RSA	RC4_128	MD5
TLS_RSA_With_RC4_128_SHA	RSA	RSA	RC4_128	SHA
TLS_RSA_With_DES_CBC_SHA	RSA	RSA	DES_CBC	SHA
TLS_DH_DSS_With_DES_CBC_SHA	DSS	DH	DES_CBC	SHA
TLS_DH_RSA_With_DES_CDC_SHA	RSA	DH	DES_CBC	SHA
TLS_DH_RSA_With_3DES_EDE_CBC_SHA	RSA	DH	3DES_EDE_CBC	SHA

Die Verschlüsselung des eigentlichen Datenstroms einer SSL Verbindung basiert auf symmetrischen Schlüsseln. Das Problem des Austauschs dieser symmetrischen Schlüssel wird während des Handshakes einer SSL/TLS Verbindung mit Hilfe asymmetrischer bzw. Public Key Schlüsselaustauschverfahren gelöst.

4.1 Schlüsselaustausch und Digitale Signatur

RSA ist der meistverbreitetste Public Key Algorithmus. SSL 3.0 Implementierungen unterstützen zusätzlich eine Reihe von Kodierungssuiten basierend auf anderen Algorithmen. Am bekanntesten sind Digital Signature Standard (DSS) und Diffie-

Hellmann-Schlüsselaustausch (DH). In TLS war die Verwendung dieser Verfahren obligatorisch, damals patentierte Algorithmen wie RSA sollten vermieden werden.

Während RSA für den Schlüsselaustausch und die digitale Signatur genutzt werden kann, leistet DH nur die Schlüsselvereinbarung sowie DSS nur die digitale Signatur. DH und DSS werden aus diesem Grund typischerweise zusammen eingesetzt. In solchen Systemen werden Zertifikate ebenfalls mit Hilfe von DSS unterzeichnet. Aus Tabelle 3 lässt sich jedoch ebenso entnehmen, dass man den Schlüsselaustausch mit Hilfe von DH auch mit der Digitalen Signatur über RSA nutzen kann. TLS nutzt die Digitale Signatur, um Server Zertifikate zu authentifizieren und um die CertificateVerify Message (siehe 3.5.3) des Clients zu signieren.

Die meist verwendete Variante der Nutzung von DH und DSS ist der Einsatz kurzlebiger (ephemeral) DH Schlüssel (g und p – group parameters). Der Server generiert einen solchen kurzlebeigen Schlüssel, signiert ihn mittels seines DSS Schlüssels und übergibt den DH Schlüssel mit einer ServerKeyExchange Nachricht an den Client. Der Client benutzt diesen Schlüssel zur Schlüsselvereinbarung. Es ist ebenfalls möglich einen langlebigen (long-term) DH Schlüssel zu verwenden. In diesem Fall wird der Server ein DSS signiertes Zertifikat mit seinem DH Schlüssel an den Client senden. Der Client verwendet den Schlüssel aus dem Zertifikat zur Schlüsselvereinbarung. In den meisten Fällen wird der Client einen entsprechenden DH Schlüssel generieren und diesen mit der ClientKeyExchange Nachricht an den Server senden. Danach können beide unabhängig den gemeinsamen DH Schlüssel (shared secret) berechnen, welcher als pre_master_secret verwand wird. Ab diesem Punkt verläuft der Handshake wieder identisch zu der bereits beschriebenen RSA Variante.

Nach erfolgreicher Schlüsseletablierung auf beiden Seiten muss beachtet werden, dass der RFC2246 fünf symmetrische Kodierungsverfahren für den Schlüsselaustausch mittels RSA spezifiziert (DES, 3DES, RC2, RC4, IDEA), während nur zwei Verfahren (DES, 3DES) für die Verwendung von DH/DSS spezifiziert sind (RESCORLA 2001).

Als zukünftige Grundlage eines in TLS verwendeten Schlüsselaustauschverfahrens wird ein Elliptische-Kurven-Kryptosystem (EKK) diskutiert. Die gängigen asymmetrischen

Verschlüsselungsverfahren z. B. durch RSA-Algorithmen sind sehr rechenaufwändig. Dieses Problem soll durch EKK gelöst werden.

Elliptische Kurven beruhen auf dem mathematischen Problem des diskreten Logarithmus. Durch die EKK-Verschlüsselung ist es möglich, bei einer geringeren Schlüssellänge von z.B. 160 Bit genauso sicher wie bei anderen asymmetrische Verfahren mit 1024 Bit zu verschlüsseln (WIKIPEDIA 2005d).

4.2 Key Derivation Function

Ist während des Handshakes das pre_master_secret erfolgreich ausgetauscht worden, muss jede Seite dieses in individuelle, kryptographische Schlüssel umwandeln: für Verschlüsselung, Authentifizierung, etc. Diese Schlüssel werden mittels einer Key Derivation Function (KDF) erzeugt. TLS nutzt für den Prozess der Schlüsselerzeugung die HMAC basierte Pseudo-Random Function (PRF).

Zunächst wird das pre_master_secret in das master_secret umgewandelt. Aus dem master_secret werden dann die kryptographische Schlüssel abgeleitet.

Ein wichtiger Aspekt der Sicherheit einer TLS Verbindung ist die Verwendung verschiedener Schlüssel für verschiedene Typen von kryptographischen Operationen. Bricht ein Angreifer beispielsweise den Verschlüsselungsalgorithmus, so bleibt der MAC immer noch sicher, da für ihn ein anderer Schlüssel genutzt wird.

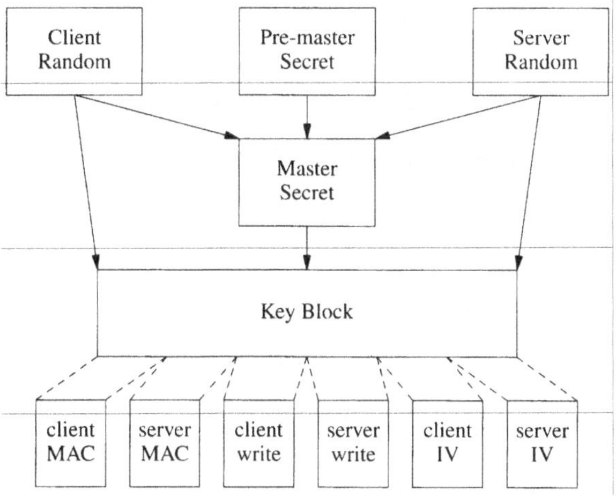

Bild 6: Schlüsselerzeugung

(RESCORLA 2001)

Mit Hilfe der Key Derivation Function (KDF) werden bis zu sechs Schlüssel erzeugt. Jeweils einen Chiffre für jede Richtung der Kommunikation, ebenso jeweils einen MAC Schlüssel für jede Richtung der Kommunikation. Benutzt man eine Cipher Suite in der Blockchiffren eingesetzt werden, müssen dafür weiterhin zwei Initialisierungsvektoren (IV) mit Hilfe der KDF erzeugt werden. Bild 6 stellt den Prozess der Schlüsselerzeugung dar (RESCORLA 2001).

4.3 Verschlüsselung

Für SSL/TLS ist die Verwendung bestimmter Strom- oder Blockchiffren definiert. Als Stromchiffre kann RC4 (Ron's Cipher 4) eingesetzt werden. Die in Tabelle 3 aufgeführten Cipher Suiten mit Blockchiffren nutzen den Data Encryption Standard (DES) oder dessen Erweiterung 3DES.

Weil die Schlüssellänge nur 56 Bit beträgt, konnte DES bereits durch Brute Force-Angriffe gebrochen werden. Bei 3DES wird jeder Datenblock dreimal mit DES und verschiedenen Schlüsseln chiffriert und wird momentan als ausreichend sicher angesehen, obwohl er relativ langsam ist (WIKIPEDIA 2005e).

RC4 hat, im Gegensatz zu DES, eine variable Schlüssellänge. Die Schlüssellänge kann bis zu 2048 Bit betragen. RC4 verschlüsselt immer ein Byte auf einmal. Der RC4 konnte ebenfalls schon in seiner Implementierung im Wireless LAN WEP-Standard (Wired Equivalent Privacy) gebrochen werden. Eingesetzte Schlüssellängen von 128 Bit gelten trotzdem als ausreichend sicher. RC4 ist aufgrund seiner großen Performance-Vorteile 3DES vorzuziehen.

Als echter Nachfolger für DES wurde der Advanced Encryption Standard (AES) im Oktober 2000 als Standard bekannt gegeben. AES wird u. a. vom Verschlüsselungsstandard 802.11i für Wireless LAN und seinem Wi-Fi-Äquivalent WPA2 sowie bei SSH und bei IPsec genutzt. Die Verwendung von AES ist nicht in TLS 1.0 spezifiziert (WIKIPEDIA 2005e).

TLS sieht die Verwendung von Blockchiffren im Cipher Block Chaining (CBC) Mode vor. Im CBC Mode ist die Verschlüsselung jedes Blocks vom Verschlüsselungsergebnis des vorangegangen Blocks abhängig. Dies verhindert, dass identische Blöcke die gleiche Verschlüsselung erhalten.

Die in Tabelle 3 angeführte 3DES Verschlüsselung wird im Encrypt-Decrypt-Encrypt (EDE) Mode verwendet. Das heißt, dass man zunächst mit einem Schlüssel 1 verschlüsselt, mit einem Schlüssel 2 entschlüsselt und mit einem Schlüssel 3 wieder verschlüsselt (RESCORLA 2001). Viele Implementierungen verwenden EDE mit zwei Schlüsseln, wobei zunächst mit Schlüssel 1 verschlüsselt, dann mit Schlüssel 2 entschlüsselt und mit Schlüssel 1 wieder verschlüsselt wird. Die beiden Schlüssel entstehen dabei durch die Teilung eines DES Schlüssels.

4.4 Hashfunktion

Für TLS ist die Verwendung zweier Digest Algorithmen spezifiziert, den Message Digest Algorithm 5 (MD5) und den Secure Hash Algorithm -1 (SHA-1). Sie werden zur Berechnung digitaler Signaturen und der Message Authentication Codes (MAC) verwendet. Für die Berechnung der MACs wird in TLS das HMAC (Keyed-Hashing for Message Authentication) Verfahren angewandt. HMAC beschreibt das Erzeugen eines MAC mit bestimmten Sicherheitsanforderungen. Die Verwendung von MD5 und

SHA-1 sind für HMAC spezifiziert (RESCORLA 2001).

4.5 Authentifizierung

Als einen üblichen Weg der Authentifizierung, insbesondere des Servers gegenüber dem Client, sieht TLS die Verwendung von Zertifikaten vor. Es sind weiterhin Cipher Suiten vorgesehen, die eine anonyme TLS Verbindung erlauben. In einem solchen Fall wird der DH Schlüsselaustausch genutzt.

Der TLS/SSL Handshake erlaubt ebenfalls die Authentifizierung des Clients gegenüber dem Server via Zertifikat. Ein Client kann auf so eine Serveranfrage mit einer leeren Certificate Message antworten, wenn er kein Zertifikat besitzt. Der Server hat in diesem Fall die Möglichkeit auf der Anwendungsebene z.B. ein Passwort abzufragen und fortzufahren oder den Handshake abzubrechen.

Hat der Client einer TLS Verbindung das Zertifikat des Servers verifiziert, nutzt er den Public Key des Servers aus dessen Zertifikat, um das aus den Nonces von Server und Client generierte pre_master_secret (siehe Bild 6) zu verschlüsseln. Für viele Anwendungen wird diese one-way authentication verwendet, bei der das mit dem Server Public Key verschlüsselte pre_master_secret an den Server gesendet wird. Wird eine Authentifizierung des Clients verlangt, sendet der Client dem Server seinerseits ein Zertifikat mit dem Client Public Key. Der Client authentifiziert sich mit einer CertificateVerify Nachricht, einem mit dem Client Privat Key signierten Hash der bis dahin gesendeten Handshake Nachrichten (RESCORLA 2001).

5 Angriffe auf SSL/TLS

Obwohl keine guten Attacken gegen SSL bzw. TLS bekannt sind, so sind doch einige Angriffe bekannt, welche gegen bestimmte Implementierungen eingesetzt werden können.

5.1 Million Message Attack

Diese Form des Angriffs wurde 1998 von Bleichenbacher veröffentlicht und greift eigentlich RSA unter Verwendung von PKCS#1 an. Bei einem erfolgreichen Angriff erhält der Angreifer das pre_master_secret.

Der Angreifer geht dabei folgendermaßen vor: zunächst wird die ClientKeyExchange Message des Clients abgefangen, die das verschlüsselte pre_master_secret enthält. Aus dieser leitet er eine große Anzahl Nachrichten ab. Diese werden an den Server gesendet. Der Server entschlüsselt diese falschen Pakete und untersucht zunächst ob diese dem Format von Public Key verschlüsselten Daten entsprechen. Aufgrund der Eigenschaften des Public-Key Cryptography Standards 1 (PKCS#1) ist dies bei einer von 2^{16} Nachrichten des Angreifers der Fall. Der Server antwortet dabei mit jeweils unterschiedlichen Meldungen auf eine konforme oder non konforme Nachricht. Der Angreifer fährt mit dem Finden PKCS#1 konformer Nachrichten fort. Diese erlauben es wiederum sich der Orginal Nachricht des Clients immer weiter anzunähern bis zur vollständigen Bestimmung des pre_master_secrets. Für so einen Angriff sind rund 2^{20} Nachrichten nötig (siehe Name des Angriffs).

Das pre_master_secret trägt drei verifizierbare Informationen. Neben dem PKCS#1 Format ist es 48 Byte lang und die ersten beiden Byte des pre_master_secret sind die Versionsnummer. Die Wahrscheinlichkeit eine Nachricht zu produzieren, die alle diese Dinge erfüllt steigt auf 2^{40}, welches den Angriff einer Implementierung, die alle drei Parameter überprüft, erschwert. Eine Gegenmaßnahme, die auch im RFC2246 vorgeschlagen wird, ist es alle drei Parameter zu überprüfen und bei einem Fehler keinen Alert zu senden. Bei einem Fehler wird das pre_master_secret mit einem Zufallswert ersetzt, und der Fehler wird mit der Client Finished Message erkannt. Eine

bessere Gegenmaßnahme ist hingegen die Verwendung einer stärkern PKCS Version (RESCORLA 2001).

5.2 Key-Exchange-Algorithm-Rollback

Ein Angreifer könnte in der Lage sein die vom Client und Server geschickten Hello Nachrichten so zu beeinflussen, dass der Client den Schlüsselaustausch mit RSA vornimmt und der Server mit DH. Der Server sendet eine Primzahl p, eine DH Basis g und einen ServerPublicKey und schickt diesen an den Client.

Eine schwache Client Implementierung interpretiert die DH Primzahl p als den RSA Modulus und die DH Basis g als RSA Exponenten. Aus den abgefangenen KeyExchange Nachrichten lässt sich das pre_master_secret vom Angreifer ermitteln.

Dieses Problem lässt sich in der Clientimplementierung lösen. Zunächst einmal wird der Server einen DH Prim größer 512 Bit benutzen. An diesem Punkt sollte der Client den Handshake abbrechen, wenn er erkennt, dass der Modulus größer 512 Bit ist. Weiterhin darf der Client den Fakt nicht ignorieren, dass der ServerKeyExchange mehr Daten enthält als er eigentlich sollte. Server und Client müssen immer alle Protokollparameter überprüfen (RESCORLA 2001).

5.3 Timing Attacken

2003 wurde durch Vaudenay eine Timing-basierte Attacke auf CBC Cipher Suites in SSL and TLS veröffentlicht. Der Angriff basiert auf der Vermutung, dass mehrere SSL/TLS Verbindungen einen gemeinsamen, fixen Textblock wie etwa ein Passwort enthalten. Ein aktiver Angreifer tauscht Blöcke der echten SSL/TLS Verbindung gegen durch ihn erzeugte Blöcke aus und misst die Antwortzeit. SSL/TLS sieht eine Authentifizierung der Daten vor, so dass solche modifizierten Blöcke abgewiesen werden können und die Verbindung beendet wird. Der Angreifer kann nun aufgrund von Zeitunterschieden ermitteln, ob es sich um einen Paddingfehler oder einen MAC Verifikationsfehler gehandelt hat. Dies reicht aus, um letztlich den kompletten Textblock zu erhalten.

Implementierungen wie z.B. OpenSSL begegnen dieser Form eines Angriffs, indem Sie den MAC eines verschlüsselten Blocks untersuchen, auch wenn ein fehlerhaftes Padding dieses Blocks zuvor erkannt wurde, um die Timing-Informationen zu verschleiern (OPENSSL.ORG 2003).

Durch Brumley und Boneh wurde 2003 eine Timing-basierter Angriff vorgestellt, der es ermöglicht den geheimen RSA Schlüssel eines SSL Servers herauszufinden. In diesem Fall versucht ein SSL Client mit manipulierten ClientKeyExchange Nachrichten den Server dazu zu bringen Fehlermeldungen zu generieren (BRUMLEY/ BONEH 2003).

Eine Möglichkeit solchen Attacken (Brumley, Boneh), die auch schon 1996 durch Kocher beschrieben worden sind, zu begegnen ist es z.B. allen kryptographischen Operationen eine konstante Zeit zu geben. Dies ist in Hardware-basierten Systemen machbar, in Software aber schwierig und aus Performance-Gründen unvorteilhaft. Ein populärer Ansatz sind so genannte Blinding Techniques. Das Opfer transformiert signierte oder verschlüsselte Daten derart, dass die Private Key Operation über Daten generiert wird die dem Angreifer unbekannt sind. Danach wird diese Transformation wieder rückgängig gemacht, um wieder das Ergebnis zu erhalten, welches man ohne Blinding erhalten hätte (RESCORLA 2001).

Bei RSA Blinding nutzt man Zufallszahlen in der RSA Berechnung um die Zeitinformation unbenutzbar zu machen. Vor dem Entschlüsseln des chiffrierten Textes C berechnet man zunächst: $X = r^e \cdot C \bmod N$,

r ist dabei eine Zufallszahl und e der öffentliche (public) Exponent. Man entschlüsselt nun X: $X^d \bmod N = r^{ed} \cdot C^d \bmod N = r \cdot C^d \bmod N$.

Danach multipliziert man das Ergebnis mit r^{-1}, um $C^d \bmod N$ zu erhalten, welches den gesuchten Klartext ergibt. Für jede Nachricht wird eine andere Zufallszahl r benutzt. Die chiffrierte Nachricht wird „zufällig“ verändert, bevor die RSA Entschlüsselung stattfindet. Blinding verursacht eine Performance Einbuße zwischen 2% und 10% (WONG 2003).

6 Fazit

SSL/TSL ist der de facto Standard, um im Internet sicher Daten zu kommunizieren. Dazu werden eine Reihe von Mechanismen bereitgestellt, den Inhalt von Informationen vor Dritten zu verbergen, die Integrität und Authentizität der Daten zu gewährleisten sowie die Gegenseite des Kommunikationskanals zu authentifizieren.

Als eine Schwachstelle ist der SSL/TSL Handshake auszumachen, bei dem auch unverschlüsselte Nachrichten ausgetauscht werden, wobei es aber in der Natur der Sache liegt, wenn eine symmetrisch verschlüsselte Verbindung zwischen zwei Seiten aufgebaut werden soll, zwischen denen zuvor kein Schlüssel ausgetauscht wurde. Aufgrund des großen Protokoll Overheads und rechenaufwendigen kryptographischen Operationen sind SSL/TLS Server anfällig für Denial Of Service Attacken. Das SSL bzw. TLS Protokoll sehen in den aktuellen Standards hier keine Möglichkeit der Behandlung vor.

Die Sicherheit von SSL/TLS beruht auf erprobten, kryptographischen Algorithmen. Konnte zwischen Client und Server eine SSL/TLS Verbindung etabliert werden, so kann man diesen Kanal als sicher betrachten. Alle vorgestellten Angriffe sind Folgen von Implementierungsfehlern.

Literaturverzeichnis

/1/ **Brumley, D./ Boneh, D. (2003):** "Remote Timing Attacks are Practical", <http://crypto.stanford.edu/~dabo/abstracts/ssl-timing.html>, 04.04.05.

/2/ **Fellner, E. (2002):** "Informationen zur SSL-Verschlüsselung", <http://www.datensicherheit.tu-berlin.de/ssl-info/>, 20.03.05.

/3/ **Fuhrberg, K. (1998):** Internet-Sicherheit, München: Carl Hanser Verlag.

/4/ **OpenSSL.org. (2003):** "Timing-based attacks on SSL/TLS with CBC encryption", <http://www.openssl.org/news/secadv_20030219.txt>, 04.04.2005.

/5/ **Pietsch, S. (2002):** Sicherheit im Internet, Braunschweig: Technische Universität Carolo-Wilhelmina Braunschweig.

/6/ **Rescorla, E. (2001):** SSL and TLS, 3. Aufl., Indianapolis: Addison-Wesley.

/7/ **Wikipedia. (2005a):** "Hypertext Transfer Protocol", <http://de.wikipedia.org/wiki/Http>, 19.03.2005.

/8/ **Wikipedia. (2005b):** "Secure Sockets Layer", <http://de.wikipedia.org/wiki/Secure_Sockets_Layer>, 20.03.2005.

/9/ **Wikipedia. (2005c):** "Hypertext Transfer Protocol Secure", <http://de.wikipedia.org/wiki/HTTPS>, 19.03.2005.

/10/ **Wikipedia. (2005d):** "Elliptische-Kurven-Kryptosystem", <http://de.wikipedia.org/wiki/Elliptic_Curve_Cryptography.html>, 31.03.05.

/11/ **Wikipedia. (2005e):** "Advanced Encryption Standard", <http://de.wikipedia.org/wiki/Advanced_Encryption_Standard>, 02.04.05.

/12/ **Wong, W. H. (2003):** "Timing Attacks on RSA", <http://www.cs.sjsu.edu/faculty/stamp/students/article.html>, 11.04.05.

www.ingramcontent.com/pod-product-compliance
Lightning Source LLC
LaVergne TN
LVHW092350060326
832902LV00008B/935